人生終點前的30個覺察，

找到生命的意義與希望，回到當下的自己

我們終將離去

日本九型人格權威

鈴木秀子 著

林佩瑾 譯

前言

近來，我經常足不出戶，在家靜靜過日子。

我沒有在眾多聽眾面前演講，也沒有去工作坊或冥想會與參加者們近距離接觸。

我減少社交活動，獨自關在房裡，各種思緒頓時湧上心頭。接著，我陸續想起見過的每一張面孔，以及與他們交談的內容。

獨處的時間越久，我越是明白：從前我認為理所當然的事，絕非理所當然。

我們一心認為，人生在世需要很多東西（或是工作與社交活動需要很多東西）。我們深信沒有它們就無法工作，活不下去。

然而，獨處一段時間後，我發現人真正需要的東西，其實並不多。這個不需要，那個也不需要……我在心中暗自過濾，逐一捨棄、剔除不需要的東西。

過濾完畢後，留下來的全是最無法割捨的東西。

這段靜靜獨處的時光十分寶貴，它促使我仔細思考「人生中重要的是什麼」。

能夠平凡度日，是多麼難能可貴呀。

人與人之間的交談與接觸，為我們的人生妝點了多少豐富的色彩，增添了多少滋味呀。

我現在深深明白，常人認為「稀鬆平常」的事情，其實值得我們付出更多感謝。

斷絕外界接觸之後，接下來是什麼呢？這些靜靜獨處的時光，同時也是「思考死亡的時光」、「為死亡做好心理準備的時光」。

重新檢視，找出自己真正重要的事物。

思考生存與人生的本質。

接著，就是準備平靜地接受自己的死期。寶貴的機會來了。從前在庸庸碌碌的日子中迷失了什麼？那些明知很重要卻逃避面對的問題，現在，正是你排除所有干擾，專心面對它們的最好時機。

世界上有時會發生超乎預料的大事，嚴重撼動我們的價值觀。人生在世，有時也會因為突發狀況，大大改變我們的人生。

親朋好友或名人過世時，我們也會大受打擊，脫口問道：「怎麼會？」

即使人生經過不少大風大浪，我們還是活下來了，這代表生命自有定數。我們的使命，就是只要還活著，就必須將這條至高存在所賜予的生命活得精彩。

而所有人的終點，就是「死亡」。

人該如何生存，如何死去？希望在各位獨處的時光中，本書能成為幫助各位思考生命本質的動力。

我們終將離去

目錄

人生終點前的30個覺察，

找到生命的意義與希望，回到當下的自己

第3章 用快樂的心境邁向晚年——097

第4章 敞開心胸生活——129

第5章 人生就是「尋寶之旅」——159

楔子

思考「生老病死」

「想要活下去」的渴望

人生在世，總免不了一死。

這件事，每個人都心知肚明。

但是，大多數人在日常生活中都心存僥倖，認為「還久得很呢」、「還輪不到我啦」。

有這種想法的，不只是年輕人跟壯年人。

我身邊有個臥病在床的長者，醫生已經盡了最大努力，卻還是束手無策，只能盡人事聽天命了。這麼說好了，只要看了檢查數據，任何人都會說「這人還活著簡直是奇蹟」，即使就這麼走了，親屬可能也會認為這是「壽終正寢」。

我去探病時，他的意識還很清楚，能跟我聊上幾句，而且很高興見到我。

我一邊祈求這位即將蒙主寵召的長者能安詳地走完最後一程，一邊對他說：

「如果您比我先走一步，請記得在天上保佑我喔。」

不知怎的，唯有這一句，他好像完全聽不見。

「人啊，即使死到臨頭，還是會想活下去」我心想。

嘴上說「想死」的人，其實一點都不想死。我見過好幾位聲稱「想死」

的人，從此經驗看來，我能肯定「他們其實沒有一個是真的想死」。

人啊，只要有一個人願意真心關心自己，只要有一個人願意重視自己，便絕對不會尋死。

反之，就會對人生絕望，選擇死亡。

一些想自殺的人，其實內心深處還是想活下去的。

只要有人關心自己，只要與他人有著溫暖的情感連結，便絕對不會尋死。

其實，沒有人是真的想死。

我們人類，就是如此渴望「生命」。

然而，每個人終有一死。

突發性意外、無預警發作的重病……很遺憾，年輕的生命與幼小的生命，有時就是會莫名夭折。這就是現實。

沒有人能創造生命

有一對父母接獲通知，自己的小孩因突發意外而緊急送醫，於是急忙趕到醫院。好不容易來到手術室門口，穿著白袍的主治醫師卻深深一鞠躬，對他們說道：

「很抱歉，是我能力不足。令郎剛才去世了。」

為人父母，該如何接受這項事實？於是，他們拚命哀求醫生。

「我們願意捐出所有的血跟器官！請救救我們的孩子！」

儘管愛子心切的父母撕心裂肺地吶喊，醫生還是愛莫能助。即使是稀世名醫、即使父母再有錢，也無法讓孩子死而復生。

因為，沒有人能創造生命。

有時，則是年輕母親留下幼子逝去。

某一天，我趕往醫院要幫病危的患者祈禱，一到病房，只見醫生與護理師正拚命救治。

幼小的孩子們圍在病榻旁，父親也抱著剛出生的孩子，與眾多親朋好友隨侍在側，齊心祈禱。

「請不要將媽媽從孩子們身邊奪走——」

此時，母親忽然醒了。她雙唇微啟，似乎想說些什麼。由於發不出聲音，所以她只好用唇語呼喚孩子們的名字。

孩子們魚貫來到母親跟前。母親仔細端詳第一個孩子，然後又呼喚下一個孩子，再仔細端詳。最後，她呼喚了丈夫懷中嬰兒的名字。

「謝謝……」

她清楚地留下這最後一句話，不久就魂歸天國了。

病房裡的所有人都拚命祈禱，醫生與護理師們也全力搶救。

然而，還是救不回這位年輕母親的性命。無論使用多麼先進的醫療技術，無論多少人拚命祈禱，人類終究無法改變生死。

再多祈禱、再多力量、再多的愛，都無法改變此事。人死無法復生。

這就是世界的真理。

人的性命，是「至高存在」所賜予的

小說家志賀直哉的作品《在城之崎》，探討了人類與生物的生死議題。

作品的靈感來自於志賀直哉的個人經驗。他被電車撞，背部受了重傷，於是在城崎溫泉（兵庫縣）療養一段時間。儘管沒有大礙，但當時要是出了什麼差錯，或許命就沒了——經過這次意外，他開始覺得「死亡」近在眼前。

在城崎療養時，他數度目睹了小動物的死亡。

在空中賣力飛舞的蜜蜂，某天早上倒在屋瓦上動也不動；老鼠被一群愛惡作劇的人丟進河裡，儘管拚命想爬上岸（但是插在脖子上的竹籤妨礙了牠），終究還是被河水沖走。他偶然朝著河邊石頭上的蠑螈扔石頭，石頭恰巧砸中蠑螈，蠑螈死了。

志賀直哉從牠們的死亡聯想到自己，發覺動物的死亡與人類的死亡，其實本質上沒有差異。

蠑螈偶然間死了，自己偶然活了下來。是生是死，自己完全無力改變；無論走上活路或是死路，都只能接受現實。

我們將「活著」看得如此理所當然，但其實人的生命並非掌握在自己手裡。哪怕只是一瞬間，都不是自己能控制的。

我們的生命，是由神明或大自然所賜予的；換句話說，生命來自於超越人類力量的至高存在。

我們人生中的每一分、每一秒、每個瞬間，都是因為至高存在賜予我們生命，才得以運作；如果中斷了，生命便瞬間停止——意即從那一刻起，命就沒了。

如何對面生老病死

人無法干涉生與死，而在生命的過程中，也無法憑一己之力干涉「老」或「病」。

雖然我是天主教的修女，但至今也與不少佛教徒對談過。佛教將「生」、「老」、「病」、「死」稱為「四苦」，將之視為人生在世無法避免的痛苦根源。

生活在現代的忙碌社會中，我們被各種複雜的問題牽著鼻子走，有時根本找不到解決問題的方法，因而消沉喪志。

不過，只要回到「生存」這最基本的目標一看，就會發現：原來各種看似沒有出路的疑難雜症，全都歸因於「生老病死」。

「如何活下去」這個問題，反過來看就是「如何死亡」；而「如何衰老」、「如何生病」，便成為人生過程中無法避免的問題。

接下來的章節，我將透過各種小故事，邀請大家一同思考：人該如何面對生老病死。

期望接下來的討論，能幫助各位在現實的難題中找到一線希望之光；也希望透過此類課題，各位的人生能過得更精采，將至高存在所賜予的生命活得更加璀璨。

第 1 章

人臨死前在想什麼

1 臨死前的最後希望

在病榻旁為臨終者祈禱，是我長久以來的工作之一。

原本以為距離死亡還久得很，想不到已迫在眉睫——人遇到這種狀況，也顧不了什麼面子或形象了；一想到來日無多，人的心思，只會專注在真正重視與在意的事情上。

與別人一同探討生命本質，是種極為莊嚴的體驗；即使與對方素不相識，在那段時間裡，對方卻像是全世界與我最親近的人。

我問：「現在你想做什麼呢？」

對方如此回答。

「我想自己動口吃東西。」

「我想自己走去廁所。」

這是人的尊嚴問題。每個人都有自尊，即使要走了，也要走得有尊嚴。

也有人說「我想回家」。

此言的意思是「我想跟家人團聚」。

人與人的相遇，是由無數的「緣分」所促成的。

地球誕生四十六億年，沒有人知道地球的壽命還有幾億年；我們所處的「現在」，夾在過去與未來之間的「現在」，只是漫長歲月中的一瞬間。

若是生在不同時代，兩個人就不會相遇了。

走在熙來攘往的市中心，即使兩人只錯開一分鐘，也極有可能就這麼錯過對方。

就算活在相同的時間，也不保證能相遇。假設你現在在日本，那麼，在這廣大的世界裡，如果當年你沒有在日本出生（而是生在外國），也沒有機會來日本，那麼此時此地在你面前的人，就無法與你相遇了。

說起來，日本也是挺大的。北起北海道南至沖繩，有大都市，也有小鄉村；在日本這塊寬廣的大地，如果此時你不在這座城鎮、不在這個地方，就無法與此地的人相遇了。

如此說來，日常生活中所見到的每個人，其實與我們緣分匪淺呀。

尤其是家人之間，緣分更是深厚。每分每秒的相遇，都是跨越遙久時空的奇蹟；想想，要累積多少奇蹟，才能成為一家人啊。

面。

家人之間的緣分如此珍貴，也難怪每個人都想在死前見家人最後一面。

有些人，則是希望臨死前與某人和好。

坦白說，如果心中有牽掛，就無法好好走完最後一程了。

當人將生存擺在第一位時，會拚命維護小小的「自我」，因此人總是想得到別人的認同；想比別人得到更多優勢；要是有人威脅自己，勢必斬草除根，就算是親人也絕不寬貸。人在無意之間，就選擇了殘酷的生存方式。

有一位A女士，在臨終前面露愁容。原來，A女士在父母過世時與親姊姊爭奪遺產，爭吵越演越烈，從此與姊姊斷絕往來。

我是對的！我沒有錯！有錯的是姊姊！A女士如此深信不疑，但不知為何，她心裡卻有個疙瘩。

我要抱著對姊姊的恨意離開人間嗎？懷著憎恨離開，這樣真的好嗎？心中的掛礙，使她無法安心嚥下最後一口氣。

「是不是有什麼心願未了呢？」

經我一問，A女士才娓娓道出自己與姊姊多年來的恩怨。於是，我請A女士的家人幫我聯絡上姊姊。

「令妹快不行了。她說希望在臨死前與您和好，能不能盡快來一趟呢？」我說。

姊姊一聽，趕緊拋下所有的事情，直奔醫院。病房門應聲開啟，兩人一對上眼，便已道盡千言萬語。

「姊姊！」

「小A！」

她們握住彼此的手，緊緊相擁。

「對不起，都是我不好。」

「不，是我不對……」

兩人淚流滿面，一切盡在不言中。

不久，A女士就蒙主寵召了。她的表情比這些日子的任何時候都安詳，家屬們的情緒，也因此平靜不少。

無論是哪個人，都想以本來的樣貌死去；每個人都想做回自己，而不是當個迎合他人、虛偽的自己。

臨死之際，人才發現這一生所建立的地位、名聲與財產，全都只是門面罷了。為了追求名利而汲汲營營，死前回頭一看，全都是一場空。

臨死之人所盼望的，無非就是愛。每個人都想在愛的簇擁下死去，因為「愛」是人活下去的原動力。

A女士在死前與姊姊盡釋前嫌，那張安詳沉靜的遺容，證明她的最後一程有愛相伴，一點都不孤單。

2 在世者與往生者之間的羈絆

佛教有一句話叫做「愛別離苦」，意思是與所愛之人分離所帶來的痛苦。

回顧這數十年，許多日本人在大地震等自然災害中喪生，而登不上新聞頭條的車禍，每年也帶走了數千條生命。不僅如此，也有人突然生了重病，然後就走了。

與所愛之人生離死別，無論在哪個時代、哪個地方，都令人心痛。

對往生者的思念越是強烈，越是容易對喚不回的生命產生各種複雜的情緒。

「要是當時我那樣做的話，就不會發生這種事了！」

「要是我早點發現，或許他就不會死了！」

要麼責怪自己、懊悔自己沒能洞燭先機……

「他還這麼年輕啊（想必還有很多想做的事吧）！」

「他遇到飛來橫禍，一定走得很痛苦。」

要麼想像至親在死前有多麼悲傷、痛苦，讓自己沉浸在相同的痛苦之中。

這些都是在世者的想法。往生者已無痛無災，他們絕對不希望在世的親朋好友感到悲傷、後悔。

我們能為往生者做什麼呢？

我們能做的，就是在世上幸福地活下去。往生者會在天上守望我們，更會賦予親愛的家人力量，為家人指引方向。

因此，我們只要好好活下去，讓他們知道「我過得很好」、「我過得很幸福」就好了。

你的幸福，就是往生者最大的慰藉。你的幸福，比任何供品更能撫慰往生者的在天之靈。

摯愛在世時，你倆之間擁有愛的羈絆。

摯愛過世後，你倆之間的羈絆還在，只是改變形式而已。

3 摯愛之死

摯愛的死亡，究竟該如何面對？

而我們，又該如何陪伴失去摯愛的人們呢？

每個人都知道「死亡」是怎麼回事，但一旦落在自己或親朋好友身上，就不是那麼容易接受了。

伊莉莎白・庫伯勒・羅絲（Elisabeth Kübler-Ross）在其書《論死亡與臨終》（On Death and Dying）中，提出患者在面對絕症噩耗時，會經歷「否認」、「憤怒」、「懇求」、「沮喪」、「接受」這五個階段。

這本書描寫的是人臨死之際的心理狀態，但其實我想，除了當事人之外，當事人身邊的人或許也會面臨類似的歷程。

就拿車禍來說吧。車禍受害者的家屬，都是在毫無心理準備的情況下接到噩耗，因此當下無法接受事實。

「一定是弄錯了！」、「絕對不可能！」這是第一階段的「否認」。一旦明白這是無庸置疑的事實，家屬就開始「憤怒」了。「為什麼偏偏是我的家人遇到這種事！」看著周遭幸福的人們，心裡簡直是羨慕嫉妒，苦不堪言。

有些人會希望藉由行善來換取福報，祈禱奇蹟發生。這階段一言以蔽之，就是「對神提出交易」。

接著，當家屬明白一切的期待都將落空，就會失去生存動力，陷入「憂鬱」。在歷經憂鬱的過程中，也會逐漸邁向下一個階段——「接納命運」（雖然看起來很像放棄掙扎）。

當然，並非所有人都會完整經歷這五個階段。有些人會跳過某些階段，有些人則是順序不同。我只是認為，每個人都應該了解：瀕臨死亡的人會有什麼樣的心境變化。

陪伴自己長大的人、在心中占有重要地位的人，就這麼撒手人寰，一定會使你彷彿心裡破了一個洞。填補這個缺口需要時間，不需急著振作起來，否則恐怕適得其反。

正如庫伯勒．羅絲所言，「接受」之前必須先歷經幾個階段，因此失去至親摯愛時，不必急著「接受」，而是應該好好品嚐前面四個階段。

芥川龍之介有一篇叫做《手帕》的小說。

大學教授在家中接待了一位學生的母親，她說久病的兒子已經去世，剛做完頭七。

學生的母親沒有流淚，面無表情地淡然陳述兒子的死訊。此時，教授不小心將手中的扇子掉在地上，他彎腰去撿，正巧看見學生母親的手在桌下緊緊捏著手帕，捏得雙手發抖。

表面上看起來非常平靜，其實心裡悲痛萬分。這個橋段，描寫了母親的言行舉止與心理狀態的矛盾。

請各位盡量不要如此壓抑自己，一定要找個避風港，讓自己能暢所欲言、好好發洩情緒。

如果家人夠了解你，那麼最理想的狀況就是找家人吐露心事。不過，光是只有家人可能還不夠，因為彼此關係太緊密，可能難以啟齒，或是說著說著，反而衍生出其他煩惱。

因此，與家人沒有直接利害關係的第三人，在此就非常重要了。

這位第三人只要負責靜靜傾聽就好。換句話說，他不需要同情沉浸在悲傷中的當事者，也不需要鼓勵與安慰，當然也不用給什麼建議。

他只要陪著當事者，傾聽對方吐露心聲即可。我想，這就是「陪伴」吧。

如果心裡有疙瘩卻不說，心靈會困在原地，一輩子都無法從痛苦中走出來。將心中所有的辛酸苦楚一吐為快，才能準備好迎接全新的自己。

一般而言，接納喪失摯愛的傷痛並走向新人生，約需要半年時間。

如果沉溺悲傷無法自拔，人生只會一直痛苦下去。將期限設定為半年，在這半年內盡情悲傷，找個能安心傾訴的地方盡情發洩情緒；走完這個階段後，就應該邁向全新的生活——這點，請大家務必牢記在心。

4 愛與關懷就是生存的原動力

二〇二〇年，新型冠狀病毒肺炎造成世界性的感染，大大改變了我們的生活與工作形式。

即使是現在，身為抗疫第一道防線的醫護，仍然一刻也不敢鬆懈。

此時，有一名男子因為急性心臟疾病而住院，雖然他不是新冠肺炎患者，但醫院為了防止疫情擴大而禁止探病，因此連家人都無法探望他。

最後，他還來不及見上家人跟朋友一面，就在醫院過世了。不僅如此，由於當時正值防疫最高警戒時期，因此也不能辦葬禮，待他回到家人身邊，已經變成骨灰了。

對家人而言，實在很難接受他的死亡。畢竟腦中只留下他健康時期的印象；畢竟，在他突然胸悶送醫之前，他還是個正常聊天、正常過日子的普通人。

全家人都感到晴天霹靂。

習以為常的日常生活，頓時分崩離析。想問的話沒有機會問，想說的話也沒機會說了。整個家陷入愁雲慘霧，對什麼事都提不起勁。

幾天後，其中一位家屬對我坦白道：

「的確，這件事情我們很難接受，但既然事情都發生了，也無法改變事實。到頭來，我們還是只能接受，否則整個家會一蹶不振。

遇到這種事情，當然很難過。但是在難過、惆悵之餘，還是要思考全家人接下來該如何互相扶持，不能一味沉浸在悲傷之中。我認為，既然家裡失去經濟支柱，我們就應該合力重整旗鼓，好迎接未來的日子。」

是誰讓全家人恍然大悟？答案是往生者的兒子，年紀才十幾歲。有一天，他不經意地說道：「說起來，爸爸真是個好人。」

接著，他又對全家人說了好幾項亡父的事蹟，「當時他幫我……」、「他也曾經告訴我……」大家聽了深有同感，紛紛表示贊同，心靈頓時得到了救贖。

直到父親過世，大家才留意到他生前為全家人打拚、默默為家人付出；藉由分享與父親之間的點滴回憶，一家人也下定決心，要為了父親一同跨越這次的難關。

關懷他人的同時，也得到他人的關心。唯有彼此之間的關懷與愛，才是人類生存的最大原動力。

人類要長久生存下去，究竟需要什麼？說穿了，就是愛與關懷。為他人盡心盡力，同時接受他人的關心，並心懷感激。

彼此心懷感恩地交流，就能在內心深處感受到兩人之間的情誼。這股情誼，正是幫助我們跨越難關的原動力。

5 面對自己的黑暗面

每個人都想當好人，都想活得瀟灑。沒有人想暴露醜態，沒有人想被看到不堪的那一面。

不過，有時候亟欲隱藏的內心黑暗面，卻會在無意中暴露出來。

有一位虔誠的宗教人士，一踏入晚年，說話突然變得很不客氣。以前她非常平易近人，言行舉止溫和委婉。以前，我從未聽過她說別人壞話。

然而，或許是失智症使她變得難以控制自己的心智。無論她說什麼，最後一定加上一句「白痴」。

「不是說了要先做◯◯嗎？白痴！」

「那個人每次都這樣。白痴！」

每個人都嚇壞了。想不到那位優雅的女士，居然會口出惡言。

直到死前最後一刻，她一直將「白痴」這句口頭禪掛在嘴邊。

某家公司的社長生了病，即將不久人世。我接到消息後便去探望社長，在病榻旁聆聽他臨走前最後的心願。

他是個熱愛工作的人，從年輕時便心無旁騖地全心投入在事業上。

「您有什麼心願未了嗎？」

經我一問，社長如此回答。

「我好想多花點時間玩樂。」

責任感強烈、將畢生心力投注在工作上的社長，死前卻被世俗的悔憾折磨得苦不堪言。

無論是前述的宗教人士或是社長，外在表象與內在心聲都產生了矛盾。不過，我並不是說人不能有矛盾；以某種角度而言，矛盾正是人性的證明。

每個人都擁有自己不願面對的黑暗面，這是人之常情。世界上沒有完美的人。即使是黑暗面，也是自己的一部分。

對黑暗面視而不見，假裝它不存在，並不能使黑暗面消失。如果不正視黑暗面的存在，反而會讓它暗自壯大，不知不覺間被黑暗面奪走控制權。

因此，首先請接納所有的自己，認同黑暗面也是自己的一部分。

世界上有樂善好施的人，也有屈服於弱點而做壞事的人。

即使是同一個人，也有心懷善念的時候，以及敗給負能量，不小心將失控的想法寫在臉上的時候。

不過，唯一不變的是，無論是什麼人、做了什麼事，我們都擁有上天所賜予的「生命」。「生命」不是人類的創造物，也不是自己的所有物，而是由超越人類力量的至高存在所賜予的。生命的寶貴，不是我們人類習以為常的俗世價值觀所能衡量的。

屈服於人性的弱點而做壞事，當然必須遵守社會的規則，為罪行付出代價。然而，為惡之人的「生命」，也與其他人的「生命」同樣寶貴。

因此，如何運用這寶貴的「生命」，是我們每個人都必須思考的課題。

選擇令人敬佩的生存方式，固然是很棒，但人的「生命」之所以可貴，並不是因為他做了什麼令人敬佩的事。

每一條生命都很可貴，而不是好人的「生命」很可貴，壞人的「生命」就不可貴。

因為，每個人的生命，都是由至高存在所賜予的。

我們能活著，全仰賴至高存在賜予我們寶貴生命。因此，我認為人類的生存意義，就在於好好善用受賜的生命。我們的使命，就在於思考如何運用受賜的生命，好好活下去。

只要「命」還在，使命就必須持續下去。直到臨死那一刻，賜予者都會不斷詢問我們：你要如何運用生命？

6 為安詳離世做好準備

各位每天是懷著什麼心情入睡呢？

你是感到不悅，因為「今天發生了討厭的事」？還是感到不安，因為「不知道明天會發生什麼事」？

你是感到後悔，因為「該做的事情沒先做」？還是在滿腔怒火中入睡，因為「說什麼都無法原諒某個人」？

誠心奉勸各位，不要以這樣的方式入睡。

人的睡眠時間是很重要的。

聖經上有這麼一段話。

「所以你們不要為明天憂慮，因為明天有明天的憂慮！一天的苦足夠一天受的了。」——《瑪竇福音》第六章三十四節

今天的辛勞，就留在今天吧。

入睡時，請好好慰勞辛苦了一天的自己吧。

就算想起了不開心的事情，或是為明天感到擔憂，也請接納這份情緒（「原來我是處在這樣的情緒中呀」），然後慰勞自己，對自己說聲「做得好」，因為自己熬過來了。

接著，回想當天的每一件「好事」，並逐一感謝。

感謝家人；感謝今天關照自己的人，感謝對自己好的人。如果你能上

班，就感謝這件事。因為如果生病，就無法去上班了。

感謝雙腿能走路；感謝能吃到好吃的飯菜；感謝能讀書；感謝雙手能動；感謝有電能用；感謝能搭公車……對每件事心懷感恩，謝著謝著，就進入夢鄉了。

如果能養成習慣，日後即使各位在白天受了委屈，也能咬牙撐過那一天。

準備入睡，同時也是準備迎接死亡。

我們在斷氣時，自己是不會發現的。絕大多數人，都是在對「死」毫無知覺的情況下，宛如沉眠般死去。

很多人都說「死亡很可怕」，但其實哪會可怕呢？因為你根本不知道自己死了。

我們並非害怕死亡，而是害怕死亡前的那一段歷程。

你想如何迎向死亡呢？

你想如何度過人生的最後一刻呢？

沒有人想在死前大吐苦水。我想，每個人在死前最後一刻，應該都想拋開懊悔與不安。

可以的話，大家應該都想對家人或恩人道謝，沉浸在美好的回憶中，心懷幸福地迎向死亡。

每一天的睡眠，就是練習為死亡做準備。

來，各位不妨從今晚開始吧！

只要在睡前留一點時間就好。請回想當天發生的事情，慰勞自己、逐一感謝一切。

因為，這事關你的幸福，也能讓你準備好安詳死去。

祈禱時間

請挺直腰桿。
肩膀放鬆。
盡量運用丹田（下腹部）呼吸。
用力吸氣，再慢慢吐氣。
再來一次，
用力吸氣，再慢慢吐氣。
再來一次，

用力吸氣，再慢慢吐氣。

你的本質就是愛。
你的本質完美無缺。

請誠心祈禱，將你最原本的愛分享出去。

希望痛失親朋好友的人，
能得到安慰與無比的力量。

希望因失去摯愛而沉痛不已的人，
能擁有邁向嶄新人生的勇氣。

每一次的吐氣，
都會將你最原本的大愛傳送給受苦的人們。

每一次的吐氣，都能為往生者祈福，
並賦予在世者活下去的力量與勇氣。

此時此刻，請將你的大愛與力量，
傳送給喪失生存意志的人們。

請將你的愛與力量傳送出去，

好讓所有人覺察自己的本質，
走向充滿喜悅的人生。

你沐浴在至高存在所賜予的
無限能量之中。

你最原本的愛，
連結了你與每個人。

你的本質就是愛。
你的本質完美而可貴。
請你感受自己最原本的愛。

第 2 章

小小的「覺察」，就能改變人生

7　祈禱能帶來莫大的力量

假設今天一整天，都沒發生什麼事情。

那麼，你會將今天視為「平凡又無聊的一天」嗎？

還是說，你會心懷感恩，因為「今天全家都度過了平安無事的美妙一天」？

人生在世，難免會遇到突如其來的難關。

唯有遇到難關，人才會發現「從前的日子一點也不平凡、一點也不無聊！那些日子，是充滿幸福與祝福的美妙歲月」。

無論面對什麼樣的日子，我們都能辦到一件事。

那就是祈禱。

祈禱會帶給我們莫大的力量。

所謂祈禱，並不是祈求上天給我們什麼好處。

所謂祈禱，就是看著美好的事物，單純地感受美好。

所謂祈禱，就是感受每一件平凡小事的美好，感謝每一件平凡的小事。

無論生活過得如不如意，都要接納發生在身上的每一件事。

假設生活不如意，不妨這樣想：「現在的狀況乍看很痛苦，但必定蘊含著某種恩典。神是藉由這道必要的關卡來展現祂的愛。」

只要做到這點就夠了。

8 塞翁失馬，焉知非福

我聽過這麼一則寓言故事。

從前某個地方，有一位老先生。

這一天是晴空萬里的好天氣，但不知怎的，這位老先生卻淚流滿面。

路人很擔心他，於是問道：「老先生，您怎麼了？」

老先生答道：「不瞞您說，我兒子是賣雨傘的。雨傘在這種天氣根本賣不出去，我想到他就覺得好可憐……於是忍不住流起淚來。」

幾天後，下起了傾盆大雨。

路人又經過同一個地方，發現老先生又出現了。今天下大雨，傘店的生意一定很好，想必他很開心吧！路人走過去一瞧，哎呀，老先生怎麼又哭了呢。

他納悶地詢問老先生。

「怪了怪了，前幾天您說好天氣害令郎生意欠佳，今天下了大雨，照理說雨傘應該賣得很好，您怎麼又哭了呢？」

老先生答道：

「不瞞您說，我女兒嫁給了賣草鞋的。雨下得這麼大，草鞋一定賣不出去，我想到她就覺得好可憐……於是忍不住流起淚來。」

路人聽完說道：

「我了解了，您真是個為子女著想的好爸爸啊。我有個提議，您要不要試試看呢？晴天時，您就想想嫁給草鞋商人的女兒，下雨時，您就想想賣傘的兒子。這麼一來，無論晴天或雨天，一整年您都能過得幸福快樂。」

我們人類對於「壞事」是很敏銳的。如此一來，才能在危機來臨時盡快察覺，以防患未然。

至於「好事」，人類就不大有反應了。畢竟不會影響生命安危，就算不特別留意「好事」，人還是能正常生活。

對「壞事」敏銳，是人類保身的必要之道。只是，若像這位老先生一樣極端，恐怕就得一整年都活在悲傷裡了。

誠如那位路人所言，逆向思考是很重要的。塞翁失馬，焉知非福，請大家務必換個角度想想看。

眼下的事實，只有「晴天」、「雨天」的差異，而沒有好壞的分別。就是因為用自己的角度看世界，才會將天氣變化看成「好事」與「壞事」。

疾病也一樣。生病是一項事實，僅止於此，而因為生病會造成自己的不便，所以人會將生病當成「壞事」。

沒錯，生病會發生很多不愉快的事。身體很痛；心裡很苦；害怕病情惡化導致死亡……因此，生病的人會認為「要是沒生病，人生就幸福多了」。

但真的是這樣嗎？

以下我要說的，是國外某個家庭的故事。

這位母親是家裡的經濟支柱，累積了鉅額財產，某天她突然病倒，因此委託我到府祈禱。

宅邸氣派輝煌，兒女們齊聚一堂，拚命為母親祈福，希望母親能恢復健康。

只見母親面露痛苦地躺在床上，道出了心中的悔恨。

「我為了這個家，辛苦打拚了大半輩子，結果卻換來一身病痛……」

我先聽她把話說完，接著問道：

「生病固然辛苦，但是在這段過程中，有沒有發生過什麼好事呢？」

她沉默半晌，然後娓娓道來。

「在我生病之前，兒女老是起爭執。一會兒吵誰該負責什麼事業，一會兒吵分紅……每個人為了爭那麼一點利益，吵得面紅耳赤，家裡充滿火藥味。

不過，當我病倒之後，大家開始學會團結了。以前他們只要一見面就會起口角，現在大家都對我很好。

全家一起吃飯的時候，他們會聊起當年的回憶，比如『小時候媽媽都會幫我們做這個』、『那時候大家一起去〇〇玩，玩得很開心』等等。為人父母的，最欣慰的莫過於看到兒女相處融洽了。我辛辛苦苦將他們拉拔長大，努力拚事業，回想起來，或許現在才是我最幸福的時光。」

即使生病受苦，這名母親依然遇見了超越病痛的「好事」。

塞翁失馬，焉知非福。這是全宇宙皆然的法則。

9 病患的祈禱所帶來的啟示

紐約的某家醫院牆上掛著這麼一首詩。作者不詳。

苦難者們的告白

我求神賜給我力量，好讓我成功，
神卻使我虛弱，要我謙虛順從。
我求神賜給我健康，好讓我做大事，

神卻使我患病，要我多做好事。
我求神賜給我財富，好讓我幸福，
神卻使我貧困，要我睿智聰穎。
我求神賜給我權力，好讓我名滿天下，
神卻使我軟弱，要我對神俯首。
我求神賜給我一切，好讓我享受人生，
神卻賜我生命，好讓我享受一切。
我所求的無一實現，

我所願的無不應允。

我未察覺亦未說出口的祈禱，

已全部實現。

我是全天下最富足、最蒙祝福的人。

我們很容易以為，只要自己列出來的條件都實現了，就能得到幸福。「想成為具有影響力的人」、「想要永遠健康」、「想用錢買到所有想要的東西」、「想得到好名聲」、「想要每天過著新鮮有趣又開心的日子」……這些願望，都只是想藉由祈禱換取好處而已。

如果自己拿到「好處」，就感謝上天——這並不是真誠的感謝。

上個章節也說過，塞翁失馬，焉知非福。

在學業或事業上功成名就，大家或許會認為這是「好事」；可是，如果當事人因此變得傲慢無禮，就會發生「壞事」。

生病或許是「壞事」，但或許這是因為當事人過度操勞，身體才發出警訊。「再不休息一會兒，就會出人命囉！」假設當成一種警訊，那就是「好事」。

宇宙的運作機制，並不是只讓人類挑選自己想要的「好處」。其中一方傾斜了，另一方就會加重力道、取得平衡，以維持完美的秩序。

無論是發生在我們身上的「好事」或「壞事」，全都在大宇宙的計畫之中。我們應該致上謝意才對。

「我所求的無一實現，我所願的無不應允。」

神的眷顧，並非來自於我們得到了什麼，或是達成了什麼。

即使我們什麼都沒得到、什麼都沒有達成，神依然眷顧著我們。

成功容易產生傲慢，但失敗也教導我們學會謙虛；健康容易使我們過度自信，但疾病也教導我們感謝日常中的每件小事。

無論我們是多麼不成熟的人、失敗了多少次，無形的宇宙秩序都保護著我們。

這一點，請各位千萬別忘記了。

10 人生應該遵循生命的本質

每個人看到幼童即將落水，都會衝過去救人。

在路上看到陌生人突然痛苦地蹲下來，每個人都會過去詢問「你怎麼了？」、「你沒事吧？」

眼前發生突發事件，人類會下意識地展開行動。此時，人不會在意自己的損益得失，也不管道不道德，只會一心想著「趕快救這個人」。

人類看到有人遇上麻煩或遭遇危險，會反射性地想伸出援手，而且在思考之前就會展開行動。

這就是上天賦予人類的本性——埋藏在最深層的本質。

然而，當人類被慾望蒙蔽，就無法發揮這項本質了。

當人的腦袋被慾望支配，內心的深層力量就會受到壓抑，導致該行動的時候無法行動。

舉個例子，當你坐在電車座位上時，有一位老人家走到你面前。原本你很想讓位，但這天有點累，而且還得等好幾站才能下車，於是你決定裝睡。

「想放鬆」的慾望，蒙蔽了你。

其實你很想讓位給老人家，但由於被欲望蒙蔽，因此你的本質——「為他人著想的心」，被壓抑了。

證據就是：即使你想睡也睡不著，要麼在腦中幫自己找一堆藉口，要麼希望趕快到站才能下車解脫，讓你根本沒辦法放鬆，不是嗎？

不只是人類，每個生命最幸福的時刻，就是生命能以最原本的姿態發光發熱的時刻；生命最幸福的時刻，就是生命能充分發揮自己力量的時刻。

我們的使命，就是將上天賦予的生命活得精彩，遵循自己最深層的本性而活。

人類生來就能藉由利他行為得到「開心」的感覺（喜悅）。

比起利己行為帶來的喜悅，利他行為所帶來的喜悅更是巨大。

剛起步時，不需要將目標設得太高。

從小地方做起就好。學習善待他人，你就能感覺到喜悅。

首先從善待家人做起。先學會善待家人，再逐漸將善行擴散到家庭以外的地方，一點一滴累積經驗。

只要從身邊的小事開始做起就好。久而久之，你就會發現：遵循生命本質而活多麼令人舒暢，與其受欲望操控，遵循生命本質更使人心靈平靜。

11 何謂真正的謙虛

「你的聲音真好聽。」

「你廚藝真好。」

「你真會整理文件。」

被人稱讚時，你都怎麼回答呢？

「沒有啦，沒這回事。」

「沒那麼好啦。」

「哪比得上其他人呀。」

你是否跟上述例句一樣，難得被稱讚了，卻否定對方的讚美？

我們常認為不自誇是美德，貶低自己、表明自己沒有價值，才算是謙虛。

因此，我們養成了負面思考的習慣，老是想著「再這樣下去不行」、「我必須更努力」、「我必須更振作」。

然而，這種責怪自己、貶低自己的生存方式，是絕對得不到幸福的。

我想，我們差不多該擺脫這一類的價值觀與習慣了。

我們活著。活著是因為有生命。每個人都無法創造自己的生命。我們從不懷疑為什麼能活著，但其實每一分每一秒，都是因為至高存在賜予我們生命，我們才能理所當然地享受生命。

沒有至高存在的愛，我們連一刻都無法存活。正因為至高存在用無限的愛賜予我們生命，我們此刻才能存活。至高存在接納、關愛著最原本的你，讓你能繼續活下去。

如果你能真正感受到這一點，就不會貶低自己，說出「我沒有能力」、「我就是長得不好看，人生才不順遂」、「我根本一無是處」這種話了。

明明至高存在接納了最原本的你，你卻說「再這樣下去不行」、「我比不上其他人」，豈只一點都不謙虛，簡直是傲慢到家了。

人得先了解「沒錯，我只要做自己就好」，才能學會真正的謙虛。

責怪自己、否定自己，並不是什麼謙虛。

認同現在的自己、喜歡做自己——這才是真正的謙虛。

我們在人生中，究竟在追求什麼呢？

我們追求的是幸福。我們之所以生於世間，就是為了讓所有人都得到幸福。

只要你活得幸福，就能帶給周遭的人正能量。只要你笑口常開、心情平靜、沉穩大方，你周遭的每個人都會感到心曠神怡。即使什麼都不說，只要跟你在一起，心情就會變好。

因此，我們必須先從讓自己過得幸福開始做起。

甩開負面思考，別再覺得「我不夠好」、「我辦不到」了。感謝自己的生命，好好珍惜生命，活出一片天吧。

12 小小的「覺察」，就能改變人生——保祿的悔改

東日本大震災過了三年後，二〇一四年三月十一日這天，上演了一齣能劇。這齣劇叫做《聖保祿的悔改》，創作宗旨是安魂與祈求災後復原。

這是天主教與日本文化能劇的結合——編劇是作家暨國文學者林望老師，而擔任主角（在能劇中稱為SHITE）的是第二十六世觀世宗家「觀世清和」（當時名為清河壽）。

在聊到這齣能劇的演出心境之前，我得先向各位稍微解釋一下「保祿的悔改」。

保祿的猶太名是掃祿，原本是一名虔誠的猶太教信徒。

當時的猶太社會，最重視的就是嚴守戒律。當政者打著「戒律」的正義大旗，盡情擴張權力。

換句話說，他們將自己視為不容質疑的戒律守門人，任何提出異議的人都是犯錯的罪人，受到當政者迫害。

儘管時代變了，但類似情況依然發生在現代社會。

從人際之間的互動看來，一般人遇見與自己不同意見的人，也很容易認為「我是對的，對方才是錯的」。尤有甚者，甚至貶低他人、嚴厲批評與自己不同意見的人。在自己狹隘的價值觀裡鑽牛角尖、無法接納他人，這樣的生存方式不僅欠缺寬容，也不近人情。

另一方面，猶太社會的人民，則是陷入深深的無力感之中。當政者獨占了財富與權力，人民深信自己毫無價值與力量，幾乎呈現半放棄狀態了。

回頭看看現代人，多少也有類似的現象。「我比不上其他人」、「我沒有價值又無能」、「我根本一無是處」，這類自我貶低的想法，會奪走生存的希望與能量。如果不相信自己、否定自己，是絕對無法得到幸福的。

站出來大聲發出異議的，正是耶穌。

耶穌主張：「戒律是為了使人活下去而存在。」他說，如果遵守戒律能使人得到幸福，那倒算好，但既然戒律會剝奪生命的尊嚴，這種戒律不要也罷。

接著，他巡迴各村莊傳道，對窮人與受折磨的人們說：「社會地位、權力與立場，並不會使任何人產生差異。每個生命都是平等、值得珍惜的，必須一視同仁。」

此時，社會上普遍認為疾病是過去或前世做壞事所帶來的報應。光是身為病人，就會遭受不當的歧視。然而，耶穌依然溫暖而誠懇地對待病人，與對待一般人並無二致。

如此這般，這些在猶太社會受盡折磨的人們，直到遇見耶穌，才首度明白「被當成一個有尊嚴的人」、「受到重視」是什麼感覺。

接著，人們越來越相信耶穌不只是拯救窮人，而是「將人民視為完整的人」的人民救星。

當政者感到大事不妙。權力的根基開始不穩了，不能等閒視之！因此，即使耶穌死了，當政者還是不肯放過耶穌的傳道者與信徒。

掃祿，正是率先迫害信耶穌者的人。

然而，就在掃祿前往大馬士革時，天上忽然降下光芒，讓掃祿仆倒在地。他聽見耶穌說道：「掃祿、掃祿，你為什麼迫害我？」

此後過了三天，掃祿忽然看不見了。他吃不下、喝不下，只能全心反省自己。

掃祿從前一直深信：嚴守猶太教教義，就是遵從主的旨意。直到在光芒中聽見耶穌的聲音，他才大徹大悟。

主並不樂見人們受到迫害。所有人都是連結在一起的；折磨一個人，就是折磨所有人；世上所有的生命，都是值得尊敬的——就在此時，像是有鱗片從掃祿的眼睛掉了下來，他再度見到了光明。

從這一刻起，掃祿的人生產生一百八十度大轉變。原本嚴格取締反猶太教義者的他，搖身一變成為主耶穌的傳教者先驅，名字也因天啟而改成保祿。

他學習耶穌巡迴各村莊，對著失去生存希望的人們說：「懷抱希望吧！上天愛你。無論多麼痛苦，你都有能力跨越苦海。你的生命是有價值的。上天永遠站在你這邊。」

這樁美談，人稱「保祿的悔改」。所謂「悔改」，就是從前的想法與生存方式產生劇烈變化，蛻變為全新的自己。

《聖保祿的悔改》公演時，編劇林望老師說了以下這段話。

「掃祿所經歷的劇烈變化，或許不會在我們的人生中發生。

「但是，保祿這個人所體驗到的事情，跟我們每個人絕對不是毫無關聯。

「難道我們不曾跟聖經中的當政者一樣，堅持認為自己是對的，因而瞧不起他人嗎？

「又或者，難道我們不曾像當時的窮人一樣，每天灰心喪志，或是認為自己沒有生存的價值，日日愁容滿面？

「此時，請想想保祿。他沒有將自己的行為正當化、貶低他人，也沒有貶低自己、陷入絕望深淵，而是正視自己所擁有的生命。他不受他人評價所惑，也不懊悔過去、擔憂未來。請回想起自己現有的生命，回想起自己與神的生命緊緊相連。這就是我們的『悔改』。

「若能從日常中的『小小悔改』開始做起，日積月累之下，我們也能一點一滴成長呀。《聖保祿的悔改》能幫助我們掙脫狹小的世界與偏執的價值觀，帶領我們前往前所未見的廣大世界。各位不妨將這齣劇，當成凡人的成長故事——」

每一天，我們都在自己所處的環境中體驗各種事物。有時順利，有時不如人意；有時討厭的人傷了我們的心，有時我們在悲傷中無法自拔。

然而，無論過得多麼苦，也請你稍微邁開一步，透過廣大的世界重新檢視萬物。

發生過的事情，一定有什麼意義。在上天給我們的考驗之中，一定有什麼能幫助你。請睜大雙眼，好好領悟。這就是我們的「小小的悔改」。

請千萬不要否定自己（「反正我就是不行」），也請拋開否定他人的想法（「我才是對的，他是錯的」），不斷告訴自己：「上天讓我活下來了。上天賜予我生命。因此，我的生命是可貴的。」

這就是《保祿的悔改》教導我們的道理。

第 3 章

用快樂的心境邁向晚年

13 如何度過晚年

對目前的所有在世者而言，「變老」是無法避免的過程。

我們從呱呱墜地那天起，逐漸獲得了許多「能力」。昨天還不會走，今天就能走了；今天連一個詞都說不出來，明天就說得出兩個詞了。

衰老，則是完全相反的變化。昨天還能走，今天卻不能走了；以前咬得動的東西，現在咬不動了。

從呱呱墜地那天起逐一獲得的能力，一項一項還了回去。這就是衰老。

自己會怎麼變老？該如何面對親朋好友的衰老？——「衰老」，目前是我們的一大課題。

耶穌會（Societas Iesu）傳教士赫爾曼・霍佛斯（Hermann Heuvers）於一九二三年遠從德國前來日本，並成為上智大學的第二任教務長。霍佛斯神父在日本從事教職與傳福音長達半世紀，亦留下許多著作。

有一位德國朋友送給我一本霍佛斯神父的詩集，以下，我將向各位介紹其中一首詩。

最棒的絕活

這世上最棒的絕活是什麼？

懷著快樂的心老去，
想勞動時亦能休息，
想說話時亦能沉靜，
快要失望時重燃希望，
順從、平靜地扛起自己的十字架。

看著年輕人穩健地走上神的道路亦不嫉妒，
為人勞動時，
亦能虛心接受他人照料，
變得虛弱無用時，
也不忘親切柔和。

衰老的重擔是神的賜福。
最後再擦亮一次老舊的心。
為了回到真正的故鄉。
為自己逐一卸下塵世的枷鎖，
才是真正的了不起。
直到什麼都不能做的那天到來，
就虛心接受吧。

神在最後為我們留下了最棒的差事。
那就是祈禱。
儘管雙手無能。
卻還能合掌到最後。

在所愛的所有人上方，為他們祈求神的恩典。

一切都完畢之後，

你將在臨終之地聽見神的聲音。

「來吧，我的朋友啊，我必不丟棄你。」

（《人生之秋》作者：赫爾曼．霍佛斯／春秋社）

我們如果能從這首詩的角度來看待「衰老」，那麼就不必執著於「失去了什麼東西」、「喪失了什麼能力」，衰老不再是體驗失去之痛的過程，而是帶領我們體驗另一種人生面向的歷程。

的。

衰老所代表的，不是只有失去。有些新鮮事，是老了之後才能體驗到年紀大了，「辦不到的事情」變得越來越多，勢必得求助他人。此時所感受到的人情溫暖，將比過往來得更加深刻。

即使是小事，你也會心懷感恩，心想「我真是幸運啊」。

就拿我來說吧。隨著年齡增長，我也開始學會感謝日常生活中的小事；偶爾抬頭一看，美麗的天空更是令我深受震撼。

隨著年齡增長，我對神的讚嘆，更是與日遽增。

14 積沙成塔

我有一個朋友會做串珠飾品。

將一顆顆直徑約一公釐的小珠子撿起來，再用釣魚線穿過去，如此精密的作業，光想像就令人頭皮發麻。必須耗費好幾小時的毅力，才能完成一件美麗的作品。

我朋友建議我挑戰看看，我試了才發現：這也太需要集中力與耐力了吧！

透過這項手工藝，我察覺一件事情：

我們的生命，就像藉由釣魚線逐一串起的串珠。

用釣魚線穿過一顆珠子，看起來就只是一顆珠子。然而，再繼續串下去，作品就會逐漸成形。

從眼下這一刻看我們的人生，或許還看不出什麼形狀；但是一旦死亡，全部樣貌就會呈現在眾人面前。我們累積生命中的每一顆珠子，直到死亡那一刻，就是作品完成的時刻。

一顆顆的小珠子，就像「小小的覺察」與「小小的悔改」，教導我們了解生命的可貴。

我們此時此刻能活著，全是因為至高存在賜予我們生命，讓我們能活下去。大宇宙就是生命的根源，我們與大宇宙緊緊相連。

你可能不大相信這一套吧？但即使你不相信、不贊同，有時候，我們還是得如此說服自己。

我們每天都會感受到各種情緒。有時生氣，有時嫉妒；有時責怪他人，有時自我厭惡；有時消沉，有時悲傷。活在這世上的人，沒有一個能避開這類的負面情緒。

此時，請想起「小小的覺察」。

請告訴自己：「我的命還在。我還活著。光是這樣，就代表我的生命是可貴的。」

我們每個人，都擁有獨一無二的「種子」。你必須讓種子發芽、開花。該怎麼辦到呢？請讓你的生命綻放光彩。我們活著的每一天，就是為了累積生命的精彩片段。我們的每一天，都會越來越精彩。

如此一來，你就能看著自己離世時所完成的作品，回首自己的美好人生。

15 人該如何得到救贖

夏目漱石的許多作品，都是探討人性。

廣為人知的《心》可說是當中的代表作，書中描寫了人性的黑暗面。主角「我」在海邊認識一位學富五車又瀟灑的「老師」，深受他吸引，想與他深入交流。然而，老師卻說：「我承受不起老師這稱號。」遲遲不肯打開心房。後來，「我」還來不及了解其中緣由，便因父親生病而返回老家。

直到幾年後，老師的事情才真相大白。

有一天，「我」收到一封老師寄來的長信。信中所寫的祕密，老師從來沒有對任何人說過。

老師在學生時期，曾經寄宿在某戶人家家中，那戶人家的千金十分美麗。有一天，老師的好友向他坦承自己喜歡上了「小姐」，然而，其實老師也喜歡小姐。表面上老師是好友的戀愛軍師，但他為了不讓小姐被好友奪走，便搶先提親，順利與小姐結婚。

不料，老師的好友卻自殺了。老師認為自己害死了好友，每天都深受良心苛責；每年一到好友忌日，他都會偷偷去墓園祭拜。

想贖罪卻無法贖罪的人生。這件事沒有人知道，連老師的妻子都不知道，他只能獨自將痛苦與煎熬埋藏在心中。寄給「我」的這封長信，同時也是老師的遺書，不久他就自殺了。

人類的本性是自私的；為了得到利益，不惜欺騙他人。然而，即使自私能換取利益，但看著他人受苦，自己也會受良心苛責。人類該如何從這種矛盾與黑暗的天性中得到救贖呢？《心》對此發出疑問，並試著找出答案。

遺書中有一段內容，提到老師在病榻旁照顧生病的岳母。

「不久，我岳母就生病了。醫生說是絕症。我盡心盡力地照顧岳母，這不僅是為了岳母，也是為了我深愛的妻子，從更宏觀的角度來說，更是為了人類。在這之前，我一直拚命想做些什麼，卻什麼事都不能做，只好袖手旁觀。與世隔絕的我，直到此刻，才首度感覺到自己親手做了點善事。亟欲『贖罪』的念頭，掌控了我整個人。」

老師由於背叛好友，因此對周遭的人封閉內心，就這麼過完後半生。活在孤獨中，對人類而言絕非易事。

怎麼說呢？因為人的內心深處，其實是跟眾人連結在一起的。其實大家都想愛人，也想被愛；人類不能沒有愛。這世界上，沒有比主動切斷連結更痛苦的事了。

在孤獨中受苦的人，該如何得到救贖呢？答案就是取回「連結」。封閉內心多年的老師，為了照顧生病的岳母而努力付出。從信中的描述可以得知，老師從那段過程中看見了救贖之光。

為別人付出、為周遭的人付出，正是人類的救贖之道——我想，這就是漱石的言外之意。

16 該如何改善人際關係

孤軍奮戰，是無法得到幸福的。

跟親朋好友一起面對問題、同甘共苦，為日常生活增加色彩；與一群跟自己不同個性、不同能力的人互補、互相扶持，一同賺錢維生、建立更好的社會……在這樣的過程之中，彼此才能成長、變得更加成熟。幸福的真實感，就從此處萌芽。

B女士是一位深愛女兒的母親。然而，由於她實在太希望女兒過得幸福，因此老是對女兒管東管西。

「快一點啦」、「東西用完就要收好，不要到處亂放！」、「出門不可以穿得那麼不像話」、「叫妳幾點回來就幾點回來」、「妳還太年輕了，等以後再說」……

每件芝麻小事都在B女士的管轄範圍內，久而久之，她對女兒說的話，只剩下「禁止」跟「命令」兩種了。

最後，女兒終於受不了而離家出走，B女士大感震驚。

「怎麼會？我這一切都是為了女兒好啊！我是全世界最關心她的人，虧我為了女兒將來的幸福，拚命為她打點一切……」

心裡有愛，不代表就能傳達給對方。

無論B女士多麼疼愛女兒，假如女兒接收不到，也是徒勞無功。

那麼，B女士該怎麼辦呢？她應該跟女兒多溝通，努力讓女兒了解自己的想法嗎？

很遺憾，強迫女兒理解自己的想法，女兒也不一定聽得進去，更有可能引發反彈。

與其他人建立良好的人際關係，最關鍵的要素是什麼呢？

那就是「感恩」。

我們很容易以為，唯有別人幫我們做了什麼特別的事，或是發生了什麼罕見的好事，才需要心懷感恩。如果是日常生活中「理所當然」的事情，我們就很少感恩了。

像是：女兒還活著；早上出門，傍晚回家；跟家人一起吃飯；跟志同道合的朋友快樂談天……。

有時候，我們面對這些日常情景，只會覺得「又是老樣子」，認為這一切都是理所當然，於是不僅沒有心懷感恩，反而埋怨道：「又在玩了！」、「怎麼一點都不聽話！」

然而，我們歷經幾次大地震，自然災害反覆發生，我想，大家應該早就明白平凡的日常生活絕對不是「理所當然」。不只是自然災害，幾乎每年都有大型車禍或案件，破壞了某處的平凡日常。

老實說，在我們的日常生活中，沒有一件事是理所當然的。

女兒早上起床；平安回家；全家人一起吃飯；跟朋友快樂談天……這一切，全都不是「理所當然」。

想想看，如果你沒有這一切呢？那些熟悉的身影，其實都是奇蹟的化身，這麼一想，是不是很值得感恩呢？

人際關係的問題，全都是自己的人生課題。化解這個問題，你的人生才能再往前邁進一步。

與女兒關係不睦的B女士，若能察覺日常小事並非理所當然，並且對眼前的人事物心懷感恩，一定能改變將來的人生。

17 如何接納「不被愛的自己」

有些人活得很痛苦，而原因各不相同。

有人說：「因為小時候父母沒有給我足夠的愛。」

無論發生過什麼事，既然你現在活著，就代表有人給了你愛。

沒有人能獨自長大成人。要麼是父母私底下為你打點一切，要麼有人代替父母幫助了你，看著你長大。

你現在能活著，就代表即使父母沒有給你愛，也有其他人用愛灌溉了你。

或許是親戚，或許是鄰居；或許是學校的老師、朋友，或是你不認識的人。或許也不是特定的某個人，而是有一群人代替父母關心著你，或是幫忙補足你所欠缺的親情。

畢竟，直到此時此刻，你都沐浴在「活著」的恩典中呢。至高存在愛著我們每個人，無一例外。正是因為至高存在愛你、願意讓你活下去，你才能享有現在的生命。

你必須先察覺這點，想想以前有哪些人照顧過你、對你親切溫暖（任何小事也行），對他們心懷感恩——你的人生，才能往前邁出第一步。

「阿德勒心理學」從幾年前起引爆熱潮，而我本人，則是一九九〇年代就在美國認識了阿德勒心理學。

阿德勒心理學有個概念叫做「課題分離」。每個人都有自己的課題，也只有自己才能對自己的課題負責。

同樣的，其他人也有其他人的課題，也只有他們能對自己的課題負責。其他人無法解決你的問題，你也不能意圖插手、解決其他人的問題。如果將兩者的問題混在一起，人際關係就會產生各種問題。

父母的課題，是用愛灌溉子女，用愛養育子女。

而子女的課題，則是對自己的人生負責，走出自己的一片天。即使得不到父母的愛，那也不是子女的課題；因此，子女無法對此負責，也不需要負責。

不要糾結於父母過去的課題，也不要涉入其中，應該先專心想想：自己接下來該如何好好過生活？

當然，改變心靈可沒那麼容易。或許某天又突然想起過去的事情，覺得「當時好痛苦」、「當時好寂寞」、「為什麼偏偏是我……」因而陷入負面情緒中。

屆時，請完整接納發生在自己身上的變化。「啊，現在我感到很痛苦。」、「現在，我感到十分寂寞。」

不要對自己的情緒發出任何批判，也不需要想著「我不可以一直陷在這種情緒裡」。你只要接納眼下的事實，認同它是一項事實即可。

久而久之，過去的事情就會逐漸失去影響力。

阿德勒認為，建立各種人際關係時，不應該選擇「支配─被支配」的階級關係（縱向關係），而是選擇彼此對等的橫向關係。

彼此尊重、同心協力解決相同的課題；這並非單純的一對一人際關係，雙方都會在這段過程中產生歸屬感，認為彼此都是為對方貢獻己力的「共同體」，稱為「社會情懷」（community feeling）。（注：日文譯為「共同體感覺」。）

一旦產生社會情懷，自己在為對方付出時，也會感覺到對方正在為自己付出。

阿德勒認為，與他人建立橫向關係、建立共同體之間的歸屬感，並且互相尊重、互相貢獻，這才是人類最具建設性的生存之道。

並不是只有賺錢或生產出具體的東西，才叫做貢獻。

即使年紀大到很多事都不能做，變得只能仰賴他人照顧，還是能對別人有貢獻。

想想看長照服務員吧！有貢獻的人，並不是只有長照服務員；如果沒有人需要照護，長照服務員就無處貢獻了。被照護者的存在，（對長照服務員而言）就是一種貢獻。

人類最幸福的時光，就是有人作伴、貢獻他人的時候；而被照顧者的貢獻，就是供應幸福給照顧者。這是我從阿德勒身上所學來的道理。

無論有沒有從父母身上得到親情，人都必須「自己養育自己」、「自己讓自己成長」，這是人的使命。

過去的事情就過去了，接納事實就好。如今你已長大成人，請對此心懷感恩，專心思考將來的發展就好。

自己的課題自己負責。若跟其他人有共通的課題，就同心協力解決。

每個人都必須對他人做出貢獻。這就是通往幸福的道路。

18 如何將晚年活得充實

感恩，會讓人生變得充實。

但是坦白說，每天懷著感恩的心過日子，其實並不容易。

遇見好事或是得到好東西時，起初每個人都會心懷感恩。然而隨著時間流逝，當初的感恩之情也會越來越淡，久而久之，就會視它為「理所當然」，不再感恩。

直到有一天失去它們，才會驚覺：原來這不是理所當然啊！

你認為「理所當然」的事情，其實並非理所當然。並不是只有發生天大的好事才需要感恩；越是「理所當然」的事情，越是應該感恩。

為此，你應該先養成感謝日常小事的習慣。

舉個例子，將「謝謝」掛在嘴上，就是其中一個方法。從早上起床到深夜入睡，一有機會就說聲「謝謝」。如果不好意思說出口，就在心中反覆默念「謝謝」。

修道院有一套獨門功夫，能將愛與感恩烙印在心。

有一段「修煉期」，是為剛踏入修道院的人所準備的訓練時間。外界與修道院的生活可說是天差地別，由於差異實在太大，新進人員腦中很容易浮現許多雜念，導致靜不下心。

修女告訴我們，此時應用拉丁語拚命念誦「Cor Jesu，in Te Confido！（信奉耶穌之心）」。從起床到睡前，只要自覺不妙，我就立即反覆念誦：「Cor Jesu，in Te Confido！」

此外，我還用玫瑰念珠（天主教會祈禱時所使用的念珠）的珠子算次數，只要念誦一千次，就在玻璃瓶裡放一顆豆子。如此一來，就能從瓶中豆子的數量，一眼看出自己念誦了多少次。

如此這般，藉由專心唱誦一句話，我的心，也在不知不覺中安定了下來。

「謝謝」是一句強而有力的話，建議各位早點養成說謝謝的習慣。

舉例來說，當身體某處突然痛起來時，實在很難說出「謝謝」。一般人都會說：「好痛！」可是，如果喊著「好痛、好痛」，意識就會聚焦在痛覺，使人感到更加疼痛。

此時，若是你已養成說「謝謝」的習慣，即使感到疼痛，也能用感恩的心情接納它。

年紀大了之後，身體會越來越不聽使喚。年輕時總想著要幹大事，結果老了之後一事無成，連夢想的邊都搆不上……有些人老了之後，會因此感到沮喪。

然而，想要晚年活得充實，並不需要成大功、立大業。反而是應該著眼於習以為常的小事，對此心懷感恩，才能用充實的心度過每一天。

「今天也平安無事地度過了一天」、「今天也三餐飽足」、「今天雙腳依然能好好走路」、「今天也順利跟家人聊了天」……回顧當天發生的事，然後對每件日常小事心懷感恩，接著入睡。這就是活出人性光輝的祕訣。

持之以恆地感謝每一件小事。不是為了達成別人的命令，也不是為了盡什麼義務，而是自動自發地實踐小小的感恩儀式。這樣的行為，是非常難能可貴的。

人類生在這世上，是為了什麼呢？為了持續成長。即使生病、老到腦子不清楚、老到不能動，還是能微笑著說「謝謝」。

無論身在何種狀態，人依然能持續成長，直到壽終正寢。

無論身在何種環境，都要對小事懷抱愛與感恩，持續實踐自己。久而久之，你的晚年就能過得更充實、更具人性光輝。

第 4 章

敞開心胸生活

19　不要責怪自己，也不要責怪他人

憎恨他人、責怪、咒罵對方，其實傷害最深的人是自己。人看起來像是在跟他人爭吵，其實是在跟自己爭吵。

這世上沒有「可恨的人」。你覺得對方可恨，是因為你心中有恨；因此，無論你將多少怒氣發洩在對方身上，「恨意」都不會消失。而且，你自己反而會被這團激烈的怒火焚燒。

如果情緒不是發洩在別人身上，而是發洩在自己身上，那叫做「責怪自己」。責怪他人無法解決問題，而責怪自己，同樣也不能解決問題；你只是單方面傷害自己，將自己逼到死胡同而已。

無論是怪罪他人或責怪自己，都是「不珍惜自己」。

我常說：「人與人每分每秒的相遇，都是跨越遙久時空的奇蹟；而家人之間，緣分更是深厚。」不過，其實跟自己緣分最深的，應該是「自己」吧？

此時此地，你蒙受了上天賜予的「生命」；在這個時代的這個地方，你蒙受了上天賜予的人生。光是這樣，就足以稱為奇蹟了。

在這世上與你緣分最深、羈絆最強的，不是別人，正是你自己。

不能與自己好好相處的人，就無法跟別人好好相處。

不珍惜自己的人，就無法珍惜別人。

自己過得不幸福，就無法為別人的幸福感到開心。

首先，你必須先珍惜自己、和自己好好相處、讓自己過得幸福。這是第一步。

如果陷入自我厭惡的情緒中，或是開始責怪自己，不妨回頭想想：你有好好珍惜自己嗎？

你是不是因為太忙碌，就忘了照顧自己？

你是否老是顧慮他人，導致自己疲憊不堪？

假如肩膀太僵硬、身體太緊繃，就放鬆一下，舒緩情緒吧。

不要將他人的情緒或需求放在第一位，先試著放鬆一下，將精力投注在自己喜歡的事情上吧。

如果心中又浮現責怪他人、憎恨對方的念頭，就靜靜地傾聽自己的內心。請你明白，在憤怒或憎恨之火傷害對方之前，最先傷害的就是你自己。

請不要傷害自己，改選另一條更善待自己、珍惜自己的道路吧。

不妨將你的能量，投注在能讓自己喜悅、開心、衷心感到快樂的事情上。

一旦你活得喜悅、快樂，身上的正能量也會自然而然傳播出去。久而久之，你周遭的人們，也會衷心感到快樂。

20 說出真心話

有一位C小姐，從剛才起就一直抱怨婆婆。她越說越激動，一說就停不下來。

「她下盤無力，行動不方便，所以生活起居都是由我一手照顧。可是，她連聲『謝謝』也不說！不僅如此，還會抱怨我這個沒做好、那個沒做好，像前幾天啊……」

像這種時候，我會先默默聽對方把話說完。如果因為想說點什麼而插嘴，對方不僅聽不進去，而且還會認為「她打斷我說話」、「她否定我」。

從話中聽來，C小姐與婆婆的關係，並不是從現在才開始惡化的。打從結婚搬進婆家起，C小姐就因為價值觀與生活習慣的不同，每天都過得很痛苦。

可是，為了不破壞家庭的和諧，C小姐一直默默忍受。實際的情況我並不清楚，但至少C小姐是這麼認為的。

「我為這個家付出這麼多，也對婆婆百般照顧，難道這還不夠嗎？」

她看起來憤慨到了極點。

接下來，她又說了大約三十分鐘或四十分鐘吧。

她稍微打住話頭，現場一片寂靜。

此時，我向她問道：

「妳還有什麼想說的嗎？」

只見C小姐沉思半晌，說出這句話。

「可是呀……」

這句「可是呀」，正是此回的轉捩點。

「可是呀，我自己也有不對的地方啦。」

將心中的想法一吐為快後，她看見了婆媳之間的其他面向。

「前陣子她叫我開車載她，結果我一口回絕，說『車子故障了，不行』。其實只是車子要送去定期保養，稍微改個日期就能載她了。仔細想想，其實我也故意整了她幾次。或許就是因為這樣，她才會對我態度不好吧……」

從此之後，C小姐對婆婆的態度有了些許改變。她不再惡意相向，而是和善地對待婆婆。

結果，婆婆也不再需要反彈，開始覺得「她真是個善良的好媳婦呀」。如此這般，原本互看不順眼的C小姐跟婆婆，現在任誰看了都認為她們關係好得很。

我沒有提出任何指摘，也沒有給予任何建議。一切都是當事者自己察覺，自願改變的。

如果心裡有委屈，不妨找個安心的地方一吐為快，或許就能開闢新的道路喔。

21 談原諒

人生中，偶爾會遇到幾個「無論如何都無法原諒的人」。

如果懷抱強烈的恨意，心靈的能量就會被恨意吸走，導致越來越難從日常生活中發現喜悅，感到快樂。

憎恨會將當事人導向痛苦與辛酸。是的，它影響的不是別人，而是當事人。

我在某個體驗營，曾經辦過以下的體驗活動。

參加者將近三百人，他們多半是男性上班族。其中有個人開始說「我主管真的很機車」，結果周遭的人也紛紛附和，說道：「我主管也是！」、「我也是！」

「我死也不原諒他！」有些人開始激動了。

此時，我請所有人到會場中央集合。我說：「無論你們在這裡發出多大的聲音，外面都聽不見。各位，請將內心隱忍許久的情緒，對著自己憎恨的人大聲說出口吧！」

話才剛說完，場內就響起各種咒罵與髒話。

「王八蛋！」、「不要臉！」、「去死啦！」、「沒人性的髒東西！」

大家平常都是溫文儒雅的紳士，此時卻把腦中想到最髒的話都飆出來了。

最初的十分鐘大概是尖峰期吧？之後髒話就變得有點零零落落，不到十五分鐘，全場突然鴉雀無聲。

我說：

「怎麼了？你們還可以繼續罵呀。」

沒有人說話。

不久，有個人邊擦汗邊說：

「剛才我一直罵主管，說他多欠罵、多可惡，但是罵著罵著，我開始覺得：『我是在罵自己嗎？』我感覺好像在指摘自己、罵自己『不可原諒』。」

我詢問其他人，其他人也有同感。

此時，我問道：「面對不可原諒的人，你們會怎麼做？」

有人回答：

「我發現，原來我在別人身上看見了自己。我無法原諒那些人，是因為他們暴露出了我一直以來極力隱藏的弱點。」

為什麼討厭那個人？睜大眼睛仔細一瞧，原來是因為他討人厭的地方，自己身上也有。就是因為自己也有那些特質，才會討厭那個人。

如果人類不接受自己不光彩的一面，就無法成長。平常隱藏起來的弱點；打死不肯承認的缺點；逐一認同、接納它們，才能邁向成長的道路。

你最討厭、最無法原諒的人，正是促使你變得更成熟的催化劑。

坦白說，要衷心接納這觀點確實有點難，不過只要記得「這也是一種看法」，觀點也會逐漸改變。

想一想，「為什麼那個人對我態度那麼糟」？

回想一下，「我身上有沒有（跟他）相同的特質」？

舉個例子，假設你認為「他這個人真愛找碴」，那麼，不妨想想「自己是否也有愛找碴的時候」。如此一來，你應該會發現自己最常找碴的對象是誰。

我要討論的，並不是這件事本身是好是壞。

找碴，乍看是件壞事。但是，有人找碴的時候，如果能換個角度想：「我不可以被這種小事影響，應該對自己的立場更加堅定才對。」說不定就能培養出不怕找碴的堅強韌性。

討厭的人，也有可能促使你變得更茁壯。

你最無法原諒的人，他們存在的意義是告訴你：「快點成長！」、「正視自己的弱點，接納它！」

他們乍看很可惡，但其實以深層意義來說，他們也幫助了你。無論是何種關係，人與人的相遇，都是有道理的。

22 放下負能量

想要「陪伴他人」或「為別人付出」，自己也得先有能量才行。

珍惜自己的人，也能珍惜他人。

接納自己的人，也能接納他人。

從小就被父母接納、深受父母疼愛的人，自然也能接納自己、肯定自己。這些經驗會成為自己的能量，日後可以用來支持他人、對社會產生貢獻。

反之，如果從小就不受父母疼愛，周遭的人也不願意給予肯定，當事者就無法肯定自己。他無法信任自己的人格與能力，導致無法發揮自己的天賦。

反正我就是爛，沒有人願意了解我——這樣的想法一旦增強，當事者就會將四周的人當成敵人。其他人都是對手，而不是互相扶持的夥伴。

如果再極端一點，甚至會將世界上所有人都當成自己的敵人。在這種情況下，當事者若是遭逢巨變或被逼急了，可能會自暴自棄（「管他的，我豁出去了！」），或是心想「我要消滅敵人」，因而對全世界展開報復。

無論是哪個年代，震撼社會的案件總是層出不窮。我們或許應該想想，這些事情帶給我們什麼啟示。

上天要我們思考：究竟該如何陪伴每一個人？

我們從小到大被賦予的價值觀，就是「一定要比別人強」，或是「就算不比別人強，至少也不能比別人差」。

為了贏其他人，所以不斷努力；如果努力沒有得到回報，就灰心喪志。這樣的模式，在人生中不知反覆循環了多少次。

可是，時代已經漸漸變得跟以前不一樣了。

「不可以跟其他人不一樣」、「越是比其他人優秀，這個人的價值就越高」……這類看法已經是過去的價值觀，沒有從前的影響力了。

現代的潮流，是認同、接納人類的多元性。現代人，已經不需要努力變得「跟其他人一樣」或是「比別人強」了。

第一步，就是要放下自我否定的負面思維。

千萬不能認為「反正我就是廢」。如果成天鑽牛角尖，想著自己哪裡做不好、哪裡不對，只會失去生存的能量。

你必須認同自己的每個面向（包括你認為不好的那一面），了解自己的個人特質與其他人不同。了解自己的特質，接納自己、陪伴自己，這將為你帶來活力，使你在人生中活出自己的光彩。

面對其他人，也是一樣的道理。

跟別人不一樣也無所謂。不符合社會上對「正常」的定義也沒關係。不要批評別人的不是，而是應該明白別人的個人特質與你不同，並且認同、接納。接著，你才有能力陪伴他人。

如果自己身上沒有正能量，就無法陪伴他人。自己缺乏能量的時候，應該反過來請求他人的陪伴。重點來了：有人陪伴時，請坦率地感謝、接受對方的陪伴。

等到自己累積了足夠的能量，你再去陪伴他人、為他人付出即可。

請各位照著上述方法練習，培養自己的正能量吧。

23 人生少不了愛

人是無法獨自活下去的。

人生在世，應該與個性、價值觀各不相同的人們，互相扶持、互補互助才對。

那麼，該怎麼做，才能加深與其他人之間的情誼呢？

我們定期舉辦研討會，參加者會分成幾個小組，而每個人都有自己的發言時間。

有人說話時，其他人必須凝神傾聽，不可以插嘴或中途離席，只能專心聽到發言者說完為止。不可以批判、同情，也不能發表意見或提出建議。這段過程叫做「傾聽」。

發言者會忠實描述自己發生了什麼事、有什麼感受，而傾聽者不需要分析或評斷談話內容，只需要完整接納發言者當下的狀態，「原來現在的你，感受到這樣的感覺呀」。

如此一來，會發生什麼事呢？

發言者不會被中途打斷，也不會被分析或批判，因此能自在地向下挖掘自己的內心深處。

有些話平常不想說（或說不出口）；無法將內心感受化成言語；心裡覺得怪怪的，卻不敢說出口；有上述困擾的人，都在這段過程中變得敢暢所欲言了。說著說著，自己也挖掘出了平常難以得到的深刻領悟。

而傾聽者，也會受到發言者的影響。聽著發言者挖掘自己的內心深處，傾聽者的內心深處也會受到刺激。

輪到自己發言時，話題很有可能相當深入，從不曾說出口的祕密開始說起。

小組成員全部發言完畢後，大家會覺得剛才是一場坦然交心之旅，因而感情變得比發言前更好。

有一位法師舉辦三天兩夜的禪修活動，他在禪修體驗的過程中，詢問參加者以下的問題。

「活到現在，你覺得人生中最痛苦的事情是什麼？」

接著，他請參加者各講五分鐘。假設有十個參加者，那麼大約要花上將近一小時，才能聽所有人說完。每個人都必須聊聊自己最痛苦的時期

——換句話說，所有人都將共享每個人的「痛苦」體驗。說完後，現場氣氛為之一變。大家變得更專心打坐，而打坐以外的時間，對他人的態度也變得平易近人、和藹可親。

這群分享私密心事的夥伴們，想必感受到了彼此之間的情誼。

對其他人敞開心胸，無疑是愛的行徑。

愛就是「將自己給予他人」，寫成英文就是「Gift of self」。這不代表自我犧牲，而是懷抱著信賴與慈愛的心，將自己奉獻給他人。

用愛連結彼此，是什麼概念呢？那就是將向他人披露自己內心深處的感受，而他人也能同理你的感受。在自己與他人之間架起橋樑，讓彼此的靈魂產生羈絆——此時，社會地位、業績之類的社會框架已不再具有意義，唯有人與人之間交流，僅此而已。

「Gift of self」——敞開心胸，自我奉獻。這就是使人生充滿愛的方法。

24 繪畫見真心

敞開心胸的方法，並不僅限於語言。

繪畫也能表現出自己的內心。

在某場體驗活動中，我請參加者用圖畫呈現自己的人生。

我們不使用色鉛筆或顏料，而是事先準備許多彩色雜誌與傳單，請參加者從中剪下自己喜歡的照片或印象深刻的圖案；累積到一定數量後，再請參加者將它們貼在大張壁報紙上。不需設定主題，一切隨興、憑感覺，想怎麼貼就怎麼貼。

貼完後，再向大家展示自己的圖，說說自己從圖中感受到什麼、領悟到了什麼。

一名五十多歲的男性——D先生，有一個無法向別人訴說的煩惱。

他的父母都在五十多歲時死去，而且這時D先生還罹患了與父親相同的疾病。

若是將生病的事情說出去，任誰都會勸他去看醫生，因此他決定死守這個祕密。

他下意識地束縛了自己，將自己推向「與父親罹患相同的疾病，在同樣的年齡死去」的宿命。

D先生的圖中，有一棵因缺水而即將枯死的樹。

「這是什麼？」我問。

「這是我。」他說。

「為什麼不為它澆水呢？」我又問。

「既然死後身體會火化，留著身體又有什麼用呢？反正只有靈魂能上天堂……」他說。

不過，我又看了看他的圖，那顆樹周遭有許多美麗的花草。

「這是什麼？」

「這是我的家人跟小孩。」

「他們看著這顆樹，心裡在想什麼呢？」

「這個嘛……希望樹能好起來。他們希望樹能變得枝繁葉茂，好在樹蔭下乘涼。」

此時，我問道：

「該怎麼做，這棵樹才能滿足大家的期望呢？」

「需要多攝取水分。」

「那麼該怎麼做，才能多攝取水分呢？」

「如果好好照顧這棵樹，我想，它應該還有力氣攝取水分。」

「這幅畫帶給你什麼啟示呢？」

「我想，大概是好好看醫生，不要擅自決定死期吧。即使死後身體帶不走，也必須好好珍惜它，為它澆水（照顧它）到最後一刻。」

就在這一刻，D先生對自己敞開了封閉的心靈。

第5章

人生就是「尋寶之旅」

25 為他人做點小事

人該怎麼做，才能跨越難關呢？
人必須擁有什麼，才能得到幸福呢？

有一名女學生失戀了。她很痛苦，遲遲忘不了前男友，每天以淚洗面。她的心情低落到極點，對任何事都提不起勁。

社會福利學系的老師看不下去，於是帶她去某間幫助街友與日薪制勞工的機構，建議她暫時在那兒擔任廚房或配膳志工。

還不到一星期，她就變得神采奕奕，簡直判若兩人。

人在為別人付出時，是最璀璨耀眼的。知道自己幫上忙的那一刻，心裡會有一股幸福感油然而生。這，就是人類。

為別人付出時，千萬別期待得到回報。不需要為別人做什麼了不起的事。如果付出太多，就會期待得到讚美或敬佩；萬一得到的讚美或敬佩不符預期，就會心生不滿或憤怒。這跟「幸福感」可是恰恰相反呀。

此外，也不要為他人犧牲自己。如果犧牲了自己，就會認為對方應該心懷感恩；萬一對方連一句「謝謝」也不說，你心裡肯定不高興、不甘心到了極點。

只要做自己能力所及的小事即可，真的。

從前德蕾莎修女訪日時，曾經提到「日本的經濟很發達，但是路上行人卻缺乏笑容，每個人都對他人漠不關心」，對此大感震驚。

接著，她又說：「窮人的身體需要照顧，而日本人需要的，則是對自己周遭的寂寞人們展露笑容，說些溫暖的話語。」

德蕾莎修女的這席話感動了不少人，有一群人更因此發起樂捐活動。活動宗旨是「一億人各捐一圓，比一個人捐一億圓的世界更美好」，因此活動取名為「一圓樂捐」。

主辦單位希望這項一人一圓的樂捐活動，能引發日本全國響應。當然，如果想捐多一點，一百圓、一千圓也不成問題。

只是，假如金額過高，捐款人就會覺得自己是「大發慈悲做好事」，導致渴望得到讚美或致謝。

捐出一圓，不大會有人覺得自己是「大發慈悲做好事」，也不會期待得到感謝，而是會開心地想著：「我也捐錢了！」為別人做點舉手之勞，本身就是一件樂事。

你能做的事情，不是只有捐款。

比如打掃家門口的馬路、在路上對鄰居打招呼、撿起地上的一個空罐、在電車上讓座……任何小事都可以。

不需要勉強自己，只要在能力範圍內為別人做點小事即可。不要「大發慈悲做好事」，而是做些「很高興能幫上忙」的事。反覆做了幾次之後，你就會越來越有自信。

得到幸福的訣竅，就是為他人做點小事。

26 感謝每一件小事

關於幸福，還有一項重要的關鍵。

那就是「感謝每一件小事」。

說到「幸福」，或許你會想像自己遇見一件天大的好事，但這種幸福並不長久。你可能一時間開心得飛上天，但很快就會冷卻。

這是一時的「喜悅」，跟「幸福」並不相同。

「幸福」，其實比較像生活中的平凡小事。

我們從早上起床到晚上就寢之間，會經歷各式各樣的體驗。幸福就在這些體驗之中。

「真高興今天也能全家團圓。」

「真慶幸能吃到好吃的飯。」

「幸好孩子們都能健康地上學去。」

「好久沒下雨了，有了這場雨，院子裡的花草一定很開心。」

請從諸如此類的日常芝麻小事中，感受內心的寧靜祥和。接著，再從日常生活中培養自己感受「美好」的能力。就跟樂捐一圓一樣，請試著從小事中感受美好。

隨著每天不斷練習，你會越來越容易從日常的各種情境中感受到美好。你對「幸福」的敏銳度，會變得越來越高。

一旦練得爐火純青，你對眼下的狀況便不會過度警戒，也不會對其他人封閉內心。如此一來，你就能變得悠然自得，平易近人。

覺得自己很不幸的人，請先從感謝日常小事開始做起。日常生活中，能感謝的事情應該多的是。

能自己捧起碗筷吃飯；能用自己的雙腳走路；能自己上廁所；有人能聽你聊聊今天發生什麼事——那些我們認為「理所當然」的日常小事，其實一點也不理所當然。

指尖稍微受了點小傷，你就能明白手指的重要性；手腕稍微扭傷，你就能深深了解，手腕平常發揮了多麼大的作用。那些「理所當然的事」，其實是非常「值得慶幸的事」。

養成感謝每一件小事的習慣，就是通往幸福的門扉。

27 邁向幸福人生的三步驟

幸福，並不是別人給的。

只有自己，能帶給自己幸福。

首先，你必須先讓自己得到幸福。你的幸福會逐漸向四周擴散，照亮四周；接著，四周的人也會開始發光，最後化成數倍閃亮的光芒，照射在你身上。

因此，請務必謹記在心：你必須先在人生中發出光芒，照亮四周。

那麼，該怎麼做，才能在生命中發光發熱呢？

在各界指導過許多知名人士的身心統一法創始者中村天風，曾解釋過人類邁向成功的三個步驟。

① 勾勒明確的夢想

第一步驟，就是先擁有夢想。不能只是想想「要是能怎樣怎樣該多好」，而是必須想像夢想已實現，並且具體想像自己實現夢想時的模樣與心情。

無論是什麼樣的夢想都可以，野心大得驚人也無妨。不過，你必須具體描繪夢想實現的情景。

假如你心底認為「我一定辦不到」，那就不會有效果。請勾勒一個你能具體想像夢想實現，並能衷心沉浸在喜悅中的夢想。

夢想不必太高尚。例如「我想變成有錢人」、「我想住豪宅」……這樣的夢想也行，請勾勒出夢想實現的情景，如果手邊的照片符合（或接近）你理想中的樣貌，也不妨貼在平常看得到的地方。

你的夢想想像得越具體，自己的想法也會變得越來越明確。比如當初本來想住在城堡般的豪宅，但想得越是具體，越是認為：「住在這麼大的房子，一定很辛苦。我光自己的事情就忙不來了，我看，還是選個小巧一點的房子好了。」因而改變夢想，也是有可能的唷。

改變夢想也沒關係。請選出一個實現時能讓自己真正感到幸福的夢想，選出一個能活出一片天、做自己的夢想吧！

②想一想：為了實現夢想，眼下的自己能做些什麼

第二步驟，就是想想為了實現夢想，眼下的自己能做些什麼。不需要做什麼特別的事。該上班的人就上班；該上學的人就上學；該做家事帶小孩的人，就如常做該做的事。

只是，無論做什麼，都必須用心去做。你的工作或許一成不變，但是，不要隨波逐流、得過且過，而是應該每天用心去做每一件事。你用心所做的每一件事，都能使你離夢想更近一步。

③學習對他人付出，從小事開始做起

第三步驟，就是學習對他人付出，從小事開始做起即可。

例如撿起一團垃圾；向鄰居打招呼；有人向你搭話，就禮貌地回覆他，或是點頭微笑也行。

不需要想得很複雜，你也不用做什麼大事。任何小事都行，只要能讓人心情變得好一點就好。

你也不需要特地尋找需要幫助的人。對象是每天見面的家人也好；路上與你擦身而過的人也行；請釋出一點善意，讓對方的心情能好一點，就算完成這項步驟了。

每天都要鉅細靡遺地想像自己實現夢想的情景。

早上起床的第一件事，就是思考為了實現夢想，今天該做些什麼。

然後，用心去做每一項工作，並且記得對他人釋出善意。

晚上睡覺前，感謝上天讓自己平安無事度過一天，也感謝人與人之間的緣分，讓你得以實行今天的三步驟。

如此一來，你的人生必定會邁向光明。

28 放下這兩種欲望

人類有許多欲望。

欲望是人類生存不可或缺的要素，因此，欲望本身並不是問題。

只是，假如欲望膨脹到失去控制，就會跟他人產生衝突，或是難以滿足欲望；說起來，簡直是自己找罪受。

人類除了食欲跟睡眠欲這兩項基本生理需求，一般而言，還有兩項人類獨有的強大欲望。

其一，就是「控制欲」。

我們人啊，非常希望別人能照著我們的意思做事。

舉個比較好懂的例子。就拿親子關係來說吧！父母希望子女聽自己的話，如果子女聽話，父母就感到心滿意足；如果子女不聽話，父母就會心生不滿，生氣、擺臭臉。明明只是想控制子女，還說什麼：「我說這些，都是為了你好耶！」

請回想一下自己說別人壞話時的情景。說別人壞話，多半都是因為對方不聽自己的話。我們對他人的控制欲，就是如此根深柢固。

透過威脅或各種手段逼人就範，就算對方屈服了，也只是表象而已。每個人都有自己的人格，而且多數人都不喜歡受人控制，因此人的控制欲，終究會踢到鐵板。

另一種欲望，就是「被肯定的欲望」。簡單說，就是想受他人肯定，想被他人稱讚。

這也是根植於人類心靈深層的欲望。正因為想被肯定，人才會想讀書、提高專業技能；才能挑戰難關，化不可能為可能。有一種說法是：多虧有這股欲望，人類才得以成長，將人類社會發展至今。

然而，欲望若是以扭曲的形式顯現出來，就會變得事事都想得到稱讚，不受稱讚就覺得自己沒用，或是怨恨不讚美自己的人。

此外，也有可能將旁人的看法或評價當成行事準則，漠視自己真正的想法。久而久之，就變得越來越不像自己，迷失人生方向。

如果你覺得人生遇到瓶頸，或是人際關係變差，此時不妨回頭檢視一下，自己是不是被「控制欲」或「被肯定的欲望」困住了。

接著，請對自己的心靈深處祈禱：

「我要放下控制別人的欲望。」
「我要放下想被人肯定的欲望。」

這是非常好的兩句話。若能將這兩句話烙印在心，就能將以往受外界擺佈的自己，拉回內心的軌道上。

不需要控制他人，也不需要尋求他人的讚美，因為至高存在賜予你一條命，讓你存活至今。至高存在時時與我們每個人連結在一起，永遠用溫暖的目光守護著我們。

29 每件事都有意義

「多年以來，我覺得自己好像被困在一條沒有出口的隧道裡。」

這是一名母親所說的話。她的孩子，出了一些棘手的狀況。

有時，人生會突然發生意外，將我們推入不幸的深淵。有時，他人的不講理與責難，社會的不諒解，也會使我們痛苦萬分。

不過，無論發生的事情多麼令你痛苦，一定都有意義。這種苦我再也無法承受，與其活得這麼痛苦，還不如一死了之……即使你覺得自己已經被逼到絕境，前方也一定有出口。

這一點，我們必須時時刻刻提醒自己：

「別擔心，一定有出口的！」

「發生這件事情，一定有意義。」

前述那位說「隧道沒有出口」的母親，幾年後改變了自己的想法。

「多虧有那段辛苦的日子，我現在才能學會感恩，感謝生命中的每一件事。

「如果當時每天過著平安順利的生活，現在的我，一定是個更加傲慢的人。多虧發生那件事，我才能學會謙虛，感謝人與人之間的緣分，與日常的芝麻小事。

「當時我萬萬想不到，未來居然如此充滿光明。」

每件事情都有意義——當人處在痛苦的漩渦時，實在很難這麼想。真的非常難。但是，我們還是必須相信。

奧地利維也納的知名精神科醫生維克多．弗蘭克（Viktor Emil Frankl），在第二次世界大戰時被納粹德國拘捕，送至奧斯威辛集中營。日後，他奇蹟般倖存下來，將集中營的經歷寫成《活出意義來》（Man's Search For Meaning），暢銷全世界。

弗蘭克說道：「無論是什麼時候，人生都具有意義。」

關在集中營的人們，幾乎不能吃到像樣的食物，通常都是餓著肚子被迫做苦工。即使是在嚴冬，也只能穿著一件破衣服做工，生病了也得不到像樣的治療。在這糟糕透頂的環境中，每個人天天與死亡為鄰。每個人都被逼到絕境，許多人喪失生存的希望，墜入絕望的深淵。

然而，即使在這超乎想像的狀況之中，還是有些人不願意失去人性——弗蘭克說道。有人會在短暫的休息時間站出來唱歌，以撫慰人心；有人看了莊嚴的夕陽美景而感動不已；甚至有人願意將僅存的麵包分送給他人。

弗蘭克表示，有三種價值能為人生帶來意義。

首先是「創造的價值」（creative values），意即藉由某種類型的創造活動，使心靈得到充實感。

接著是「體驗的價值」（experiential values）。藉由欣賞美麗的事物、體驗快樂的活動，使心靈產生感動。

最後是「態度的價值」（attitudinal values），意即人類遭逢變故時，所決定採取的態度。

透過工作來為社會提供價值（創造的價值），或是欣賞音樂或藝術品、全家人共度歡樂時光（體驗的價值），都能為我們帶來「人生的意義」。

不過，集中營這個地方，徹底從人身上剝奪了「創造的價值」與「體驗的價值」。在那樣的情況下，每個人都懷疑生命究竟還有沒有意義，但即便如此，弗蘭克依然堅信：生命是有意義的。我們可以決定自己對命運採取何種態度，這就是「態度的價值」。

我們不也一樣嗎？假如有一天生病了，就不能像身體健康時一樣實現「創造的價值」，病情嚴重時，甚至連「體驗的價值」都會一併失去。

然而，我們不會失去「態度的價值」。因為，直到最後的最後，人都不會失去選擇態度的自由。

即使每天都有許多人喪命，弗蘭克還是堅信「現在發生的事情，一定有意義」。即使身處絕望的深淵，他依然深信不移。這不就是充滿人性尊嚴的「態度的價值」嗎？

「無論發生什麼事，一定都有意義。」

我們每個人，都必須將這句話銘記在心。

30 尋找人生的寶藏

我在靜岡縣下田市的白濱長大。那兒位於伊豆半島的南端，面向廣大的太平洋。海邊沿岸是純白色的沙灘，小時候我常常在那裡玩耍。

小學時期，這座海岸有一項有趣的活動。

那就是在沙灘「尋寶」。

老師們事先將幾塊寶石（當然不是什麼昂貴的東西，只是一些有顏色的石頭罷了）埋在沙灘裡，然後將足跡清乾淨，讓人看不出來東西埋在哪裡。

接著，小孩們紛紛報到。「預備——開始！」老師們一聲令下，我們就開始挖沙子，尋找埋在沙灘裡的寶石。

乍看是一片平凡無奇的海灘，但裡面埋藏著許多寶石。小孩們蹲在沙灘上，一路用雙手挖開沙子，意圖找到「寶藏」。

每當在沙子裡找到美麗的寶石，我就雀躍地大喊：「找到了！」我最喜歡這項尋寶活動了。

我們的人生，不也跟「尋寶」差不多嗎？

乍看一成不變的日常生活，其實埋藏著「寶石」。看不出來有寶石，是因為你沒有去尋找；如果在日常中的每個時刻仔細挖掘，一定能找到「寶藏」。

即使生病受苦，即使發生「壞事」、陷入困境，其中也必定有「寶藏」。

有時候，生病反而能讓人領悟一些事情。

經歷過困境的人，才能理解別人陷入相同困境時的心情。經歷過困境，才能明白以前認為理所當然的事情，其實是多麼可貴。

大海每天的狀況都不一樣。有時風平浪靜，有時狂風暴雨、驚濤駭浪。

然而，埋藏在沙灘中的寶石，是不會變的。

你心中也有寶石。無論你歡欣雀躍或是悲傷至極，它都依然閃耀。

外面的世界變化萬千；有時會發生壞事；有時，會受到他人指責。或許你認為，現實就如同暴風雨中的驚濤駭浪。

然而，你心中的某樣東西，並不受暴風雨干擾。

它就像埋藏在沙灘中的寶石，乍看是看不見的。

只要能堅忍不拔地繼續挖掘你的內心，一定會找到寶藏。

老師為孩子們埋藏寶石，而至高存在，也同樣為我們每個人埋藏了璀璨的寶石。

我們的人生，或許就是一場尋寶之旅吧。

後記

「我們終將離去」——在當今世代，每個人都必須了解這件事。

有些人是久病離世，有些人是直到前一天都沒有異狀，隔天就突然去世了。

生病、天災、突發意外……我們無法得知自己會在什麼時候、以什麼方式迎接死亡。

明天我還活著嗎？還是，明天我就不在人世了？這事沒人說得準。

那麼，我們只能感謝自己還活著、感謝上天賜予這條命，把握當下每一刻。正視、珍惜生活中的每一件小事，就是充實地度過人生的不二法門。

這本書承蒙各方人士相助，而促成這一切的最大推手，就是在長野、松本主持禪修斷食活動的臨濟宗僧侶——野口法藏老師。

野口老師與自由編輯（同時也是禪修斷食活動的參加者）若林邦秀先生，從頭支持本書到最後一刻。此外，ＰＨＰ研究所的加納新也先生、阿達仁美小姐，也參與了本書的編輯過程。在此，由衷向各位致上謝意。

誠心希望本書能幫助各位讀者找出日常生活的美好之處、度過更愉快的時光，這將是本人莫大的榮幸。

鈴木秀子

二〇二〇年十一月三日

我們終將離去

人生終點前的30個覺察，找到生命的意義與希望，回到當下的自己

作　　者　鈴木秀子
構　　成　若林邦秀
譯　　者　林佩瑾
執行編輯　顏妤安
行銷企劃　劉妍伶
封面設計　周家瑤
版面構成　呂明蓁
發行人　王榮文
出版發行　遠流出版事業股份有限公司
地　　址　臺北市中山北路一段 11 號 13 樓
客服電話　02-2571-0297
傳　　真　02-2571-0197
郵　　撥　0189456-1
著作權顧問　蕭雄淋律師
2023 年 1 月 31 日 初版一刷
定價　新台幣 300 元

ISBN　978-957-32-9952-3
遠流博識網　http://www.ylib.com　E-mail　ylib@ylib.com
（如有缺頁或破損，請寄回更換）

國家圖書館出版品預行編目(CIP) 資料

我們終將離去/ 鈴木秀子著 ; 林佩瑾譯. -- 初版. -- 臺北市 : 遠流出版事業股份有限公司,
2023.01　面 ;　公分
譯自 : 人はいつか死ぬのだから : 小さな「気づき」は人生の恵み
ISBN　978-957-32-9952-3(平裝)
1. CST : 人生哲學　2. CST : 生死觀
191.9　111021897